NOTICE
SUR
BOURDALOUE.

IMPRIMERIE DE L. GAUTHIER.

NOTICE
SUR
BOURDALOUE,

SUIVIE DE PIÈCES INÉDITES,

ET ORNÉE DE SON PORTRAIT ET D'UN FAC-SIMILE DE SON ÉCRITURE.

PAR M. L'ABBÉ LABOUDERIE,

VICAIRE GÉNÉRAL D'AVIGNON, etc.

A PARIS,

CHEZ GAUTHIER FRÈRES ET C.ᵉ LIBRAIRES,

RUE ET HOTEL SERPENTE, Nº. 16;

A BESANÇON,

MÊME MAISON DE COMMERCE,

GRAND'RUE, Nº. 86.

M. DCCC. XXV.

Ce jeudi matin 7 d'heures.

Le P. Maillard a entre les mains la démission de l'abbé de Broglie; elle est, m'a-t-il dit, conçue en trois lignes. Si nous avés sur cela quelque ordre à lui donner, il l'exécutera ponctuellement. Le vefus confirmé en vérité à me causer un double chagrin par le voisin de celui qu'il nous cause à nous même. Mais nous savons vous et moy, qu'en ce pays le plus qu'en tous autres, il faut posséder son ame dans la patience, ne se rebuter de rien, et par dessus tous ne tenir point livre de conséquences des encombres, parce que toutes qu'elles atterissent, elles sereus connuiles mal ai ce? C'est ceque nous dit l'expérience mi[?]fois connoistre en plus d'une

occasion. que serace, Monsieur, s'i nous adresions à cette philosophie certains prejugés plus solides, es plus consolants, dont nous nous ti[?] quelques fois que je prends la liberté de nous parler, sans n'ay entreprendre sur les droits de Pere Monseur? Quand j'auray l'honneur de nous voir, ceque sera plutost des aurs m'd[?], je nous diray les réflexions qu'ai [?] sur tous cela. Cependant je suis aueplus d'attachement que jamais, es pour tout le temps de ma vie

Vostre tres humble
es tres obeissant
Bondaloue M.

NOTICE

SUR BOURDALOUE.

Le Père Louis Bourdaloue, né à Bourges d'une des familles les plus considérables de la ville, le 20 août 1632, entra dès l'âge de 16 ans dans la compagnie de Jésus, le 10 novembre 1648. Il passa par tous les exercices de la société; et les dix-huit premières années qu'il y vécut furent employées successivement à sa propre instruction [1], à enseigner les lettres humaines et à professer la philosophie et la théologie. Il se distingua partout et donna des preuves de la supériorité et de l'étendue de son esprit.

Ses heureuses dispositions le rendoient propre à tous les genres de littérature et de science, et c'est ce qui multiplia l'embarras de ses supérieurs à déterminer l'emploi qu'ils devoient lui confier. Cependant quelques sermons qu'il prêcha, pendant qu'il professoit la théologie morale, obtinrent un si grand succès, qu'on ne balança plus à l'appeler au ministère de la prédication, et qu'on prévit dès-lors l'éclatante renommée que la Providence lui destinoit dans une des fonctions les plus honorables du sacerdoce. Dès que son sort eut été décidé, on le fit prêcher en province pour le disposer à

---

[1] Madame de Pringy nous apprend qu'il fut chargé de l'éducation de Louvois, un des plus habiles ministres de Louis XIV. *Vie de Bourdaloue*, in-4.º, Paris, 1705, p. 7.

paroître dans la capitale avec plus d'avantage. Les applaudissements qui l'accompagnèrent dans toutes les stations qu'il remplit dans les villes d'Eu, d'Amiens, de Rennes et de Rouen, étoient de bon augure pour l'avenir; et nous allons voir comment il surpassa les espérances qu'on avoit conçues de ses rares talents.

Aussitôt que les chefs de la société jugèrent à propos de retirer le Père Bourdaloue de l'apprentissage, et, pour ainsi dire, de l'espèce de répétition qu'il faisoit en province, ils l'appelèrent dans la capitale en 1669, et le firent paroître dans l'église de leur maison professe; bien loin de démentir la réputation que lui avoient faite ses sermons, la bienveillance de Mademoiselle, fille de Gaston, et les éloges de ses confrères, il l'augmenta à son début, et on trouva cette fois que la renommée, qui exagère souvent, n'en avoit point imposé.

Ici se présente une grande question à résoudre: est-il vrai, comme on ne cesse de le répéter, que la chaire évangélique fût encore livrée à la barbarie et que le Père Bourdaloue soit le créateur de l'éloquence sacrée? Les Pères Senault, Fromentières, Le Jeune, et Mascaron de l'Oratoire, Bossuet lui-même étoient plus âgés que lui; Esprit Fléchier étoit né la même année, et avoit prêché avant lui. Attribuer à Bourdaloue la gloire d'avoir banni de la chaire le mauvais goût, le ridicule et le style ampoulé, c'est déclarer que ces grands hommes dont la France s'enorgueillit, n'avoient point une véritable connoissance de cet art divin et avoient laissé prolonger son enfance, lorsque tous les arts dans le royaume, se ressentoient depuis long-temps de l'impulsion que leur avoit donnée Louis XIV, et de la splendeur de son règne. Pourquoi chercher à humilier de si beaux génies, pour relever les services d'un seul? Bourdaloue jouit à trop juste titre d'une brillante réputation pour avoir besoin de ces hommages mensongers que la bassesse peut ambitionner, mais que le vrai mérite repousse avec dédain.

Les grands de la cour, qui avoient entendu Bourdaloue dans l'église Saint-Louis, désirèrent de l'entendre aux Tuileries, et il y prêcha l'Avent de 1670. On s'y portoit avec empressement et on en revenoit enchanté. « Le Père Bourdaloue prêche divinement aux Tuileries, écrivoit madame de Sévigné à M. de Grignan. Nous nous trompions dans la pensée qu'il ne joueroit bien que dans son tripot ; il passe infiniment tout ce que nous avons ouï [1]. » Madame de Sevigné n'étoit en cela que l'organe de l'opinion publique ; et tout le monde s'accordoit avec elle.

Il faut lire les lettres de cette femme célèbre, qui ne manquoit jamais aux sermons de Bourdaloue pour se faire une idée de l'enthousiasme qu'il avoit inspiré. « Le Père Bourdaloue prêche : bon Dieu ! tout est au-dessous des louanges qu'il mérite [2]. J'ai été en Bourdaloue ; tout ce qui étoit au monde étoit à ce sermon, et ce sermon étoit digne de tout ce qui l'écoutoit [3]. Ah ! Bourdaloue ! quelles divines vérités vous nous avez dites aujourd'hui sur la mort [4] !» Elle ne tarit point sur les éloges qu'elle donne à l'éloquent jésuite ; c'est à son sujet qu'elle laisse sa plume, *la bride sur le cou, troter sur le papier.*

Chaque année ajoutoit à la haute réputation de Bourdaloue, alors même que de l'aveu de tous, il

---

[1] Lettres de M.me de Sévigné, tome 1, pag. 208, édit. de M. de Monmerqué, in-8.º — [2] Ibid. p. 284. — [3] Ibid. p. 286. — [4] Ibid. p. 288.

sembloit impossible d'y rien ajouter. Le jour de Noël 1671, Madame de Sévigné écrivoit à sa fille : « je m'en vais en Bourdaloue ; on dit qu'il s'est mis à dépeindre les gens, et que l'autre jour il fit trois points de la retraite de Tréville ; il n'y manquoit que le nom ; mais il n'en étoit pas besoin : avec tout cela on dit qu'il passe toutes les merveilles passées, et que personne n'a prêché jusqu'ici '. Bourdaloue, dit le savant éditeur des lettres de Sévigné, plaçoit dans ses discours des portraits et des caractères que l'on appliquoit peut-être à des personnes connues ; mais ce grand prédicateur connoissoit trop bien ses devoirs pour que ses sermons dégénérassent en satires. » Je le crois aussi ; cependant, il est certain que dans quelques-uns de ses discours, Bourdaloue a eu l'intention de désigner de telle sorte les personnes dont il traçoit le portrait, qu'on ne pût s'y méprendre. Je ne citerai pas d'autre exemple que celui de Pascal et des *Provinciales* qu'il est impossible de ne pas reconnoître dans le sermon *sur la médisance* [2]. Au surplus les vers de Boileau, cités par M. de Monmerqué, en disent assez.

> Nouveau prédicateur, aujourd'hui je l'avoue,
> Écolier, ou plutôt singe de Bourdaloue,
> Je me plais à remplir mes sermons de portraits [3].

Ce n'est pas tout : nous lisons dans la lettre de Boileau à Brossette, datée du 15 juillet 1702, une anecdote qui prouve surabondamment que le père Bourdaloue, en plaçant des caractères dans ses sermons, les modeloit par fois sur des originaux connus ; la voici : « Madame de La Ville ayant chanté à table une chan-

[1] Lettres de Madame de Sévigné, t. 2, p. 274. — [2] Sermons de Bourdaloue, Dominicales, t. 2, p. 489. — [3] Satire X, v. 345.

son à boire dont l'air étoit fort joli, mais les paroles très-méchantes, tous les conviés, et le Père Bourdaloue entre autres, qui étoit de la noce aussi-bien que le Père Rapin, m'exhortèrent à y faire de nouvelles paroles, et je leur rapportai le lendemain les quatre couplets dont il étoit question; ils réussirent fort, à la réserve des deux derniers qui firent un peu refrogner le Père Bourdaloue; pour le Père Rapin, il entendit raillerie, et obligea même le Père Bourdaloue à l'entendre aussi [1]. » En effet, ajoute Brossette, le Père Bourdaloue avoit pris d'abord très-sérieusement cette plaisanterie, et dans sa colère il avoit dit au Père Rapin : « Si M. Despréaux me chante, je le prêcherai. » Il me semble que ces paroles n'ont pas besoin de commentaire.

En 1672 le Père Bourdaloue prêcha le Carême à la cour. Vers le commencement de la semaine sainte, le maréchal de Gramont, qui étoit dans l'auditoire, fut si transporté de la beauté du sermon, qu'il s'écria tout haut en un endroit qui le toucha, *mordieu, il a raison*. Madame éclata de rire, et le sermon en fut tellement interrompu, qu'on ne savoit ce qui en arriveroit [2]. Le roi fut très-satisfait de l'éloquence avec laquelle Bourdaloue avoit rempli sa station, et lui en témoigna son contentement, en présence de toute la cour.

Bourdaloue n'étoit pas uniquement fait pour les discours d'apparat, il joignoit à une vive éloquence, une solide piété et une sensibilité exquise; c'est ce qui le rendoit propre à la triste et honorable fonction de messager de douleur, et d'ange de consolation. On le chargeoit fréquemment d'annoncer aux grands de la terre

---

[1] Œuvres de Boileau, tom. IV, pag. 440, édit. de M. de Saint-Surin. — [2] Lettres de Madame de Sévigné, tom. 11, pag. 386.

les événements fâcheux dont il avoit plû à la Providence d'interrompre le cours de leurs prospérités, et de leur aider à supporter le poids accablant des misères humaines. Avec quel talent il savoit prévenir les violentes émotions que pouvoit occasionner une trop brusque ouverture! avec quel art il détournoit les regards du malheureux de dessus l'objet qui faisoit son tourment, pour les diriger vers le Très-Haut qui ne frappe que pour corriger ou pour éprouver : qui ne châtie ici bas que pour couronner dans le ciel ! quel plus digne ministre du Dieu qui blesse et qui guérit, qui terrasse et qui relève ! Le comte de Guiche mourut en 1673 d'une maladie de langueur dans l'armée de Turenne. « Le Père Bourdaloue l'annonça le 5 décembre, au maréchal de Gramont, qui s'en douta, sachant l'extrémité de son fils. Il fit sortir tout le monde de sa chambre ; il étoit dans un petit appartement qu'il avoit au-dehors des Capucines : quand il fut seul avec ce Père, il se jeta à son cou, disant qu'il devinoit bien ce qu'il avoit à lui dire; que c'étoit le coup de sa mort, qu'il le recevoit de la main de Dieu ; qu'il perdoit le seul et véritable objet de toute sa tendresse et de toute son inclination naturelle; que jamais il n'avoit eu de sensible joie ou de violente douleur que par ce fils, qui avoit des choses admirables ; il se jeta sur un lit, n'en pouvant plus, mais sans pleurer, car on ne pleure point dans cet état. Le Père pleuroit, et n'avoit encore rien dit ; enfin, il lui parla de Dieu, continue madame de Sevigné dont j'emprunte ce récit, comme vous savez qu'il en parle : ils furent six heures ensemble ; et puis le Père, pour lui faire faire son sacrifice entier, le mena à l'église de ces bonnes Capucines où l'on disoit les vigiles pour ce cher fils [1]. »

---

[1] *Lettres de Madame de Sévigné*, tome 3, pag. 161.

L'année suivante, 1674, le père Bourdaloue prêcha le Carême à la cour, où il ne se fit pas moins d'honneur que les deux premières fois. Son sermon du jour de la purification, transporta tout le monde : il étoit d'une force à faire trembler les courtisans, et jamais prédicateur évangélique n'avoit prêché si hautement et si généreusement les vérités chrétiennes ; il étoit question de faire voir que toute puissance doit être soumise à la loi, à l'exemple de notre Seigneur, qui fut présenté au temple : enfin cela fut porté au point de la plus haute perfection, et certains endroits furent poussés comme les auroit poussés l'apôtre saint Paul [1]. Ce Carême, qui fit tant de plaisir à la cour, fut répété en 1675, et y produisit la même sensation.

Cependant on attendit cinq ans pour le rappeler aux Tuileries. Durant cet intervalle, il se prêta à l'admiration du public et occupa successivement toutes les chaires de Paris. En février 1679, il tonnoit à Saint-Jacques-de-la-Boucherie. La presse et les carosses y faisoient une telle confusion que le commerce de tout ce quartier-là en étoit interrompu. Aussi une des plus aimables personnes qui couroient à ses sermons et des plus capables de les juger, disoit-elle dans son dépit si honorable pour Bourdaloue : *il falloit qu'il prêchât dans un lieu plus accessible* [2].

Lorsqu'il reparut à la chapelle royale pour le carême de 1680, de nouveaux applaudissements couronnèrent de nouveaux succès, il frappoit toujours comme un sourd disant des vérités à bride abattue ; parlant à tort et à travers contre l'adultère : *Sauve qui peut*, il alloit toujours son train [3]. On observa qu'il avoit répété la

---

[1] Ibid. pag. 234. — [2] Ibid. tom. 5, pag. 393. — [3] Ibid. tom. 7, pag. 215.

passion de l'année précédente, mais que du reste il avoit prêché comme un ange du ciel.

Ne seroit-ce pas après cette station que Louis XIV, tourmenté par ses remords, honteux de vivre dans un double adultère, et touché par les discours de l'éloquent religieux, auroit eu de nouvelles velléités de rompre son coupable commerce avec la marquise de Montespan, et de l'éloigner du château? On assure qu'il la fit partir pour Clagny et qu'ayant aperçu le Père Bourdaloue dans la galerie, il lui dit: *Mon Père, vous devez être content de moi; madame de Montespan est à Clagny;* — *oui, Sire,* répondit le religieux : *mais Dieu seroit plus satisfait, si Clagny étoit à soixante-dix lieues de Versailles.*

Ce prince avoit le goût du vrai et du beau; il voulut entendre Bourdaloue tous les deux ans, *aimant mieux ses redites, que les choses nouvelles d'un autre.* En conséquence Bourdaloue fut retenu pour le carême de 1682.

Durant l'intervalle il prêcha dans les églises de Paris, pour satisfaire les désirs du public qui se montroit avide de grossir son auditoire. Il donna dans le mois de mars son sermon *contre la prudence humaine,* qui fit faire de si sérieuses réflexions à madame de Sévigné. « Le Père Bourdaloue, dit-elle au comte de Bussy, nous fit l'autre jour un sermon contre la prudence humaine, qui fit bien voir combien elle est soumise à l'ordre de la Providence, et qu'il n'y a que celle du salut, que Dieu nous donne lui-même, qui soit estimable. Cela console et fait qu'on se soumet plus doucement à sa mauvaise fortune. La vie est courte, c'est bientôt fait; le fleuve qui nous entraîne est si rapide, qu'à peine pouvons-nous y paroître. Voilà des moralités de la semaine sainte, et toutes conformes au chagrin que j'ai toujours quand je vois que, hors vous, tout le monde s'élève[1]. »

Le 10 décembre 1683, le Père Bourdaloue prononça dans l'église Saint-Louis de la rue Saint-Antoine, l'oraison funèbre de Henri II de Bourbon, prince de Condé et premier prince du sang. Madame de Sévigné en parle avec son enthousiasme ordinaire : « auriez-vous jamais cru, dit-elle au comte de Bussy, le 16 décembre 1683, que le Père Bourdaloue, pour exécuter la dernière volonté du président Perrault, eût fait depuis six jours aux Jésuites la plus belle oraison funèbre qu'il est possible d'imaginer ? Jamais une action n'a été admirée avec plus de raison que celle-là. Il a pris le prince dans ses points de vue avantageux; et, comme son retour à la religion a fait un grand effet pour les catholiques, cet endroit manié par le Père Bourdaloue, a composé le plus beau et le plus chrétien panégyrique qui ait jamais été prononcé. Tout le monde n'a point partagé cette opinion : *c'étoit un panégyrique prêché devant son fils*, dit M. de Monmerqué, *il n'y faut pas chercher la sévérité de l'histoire.* J'ajouterai qu'il n'y faut pas chercher non plus l'éloquence du genre.

Bourdaloue remplit à la cour la station de l'Avent en 1684, avec son talent accoutumé et la même affluence d'auditeurs. Il paroît que le roi désiroit de l'entendre l'année suivante, mais la révocation de l'édit de Nantes et la nécessité de faire aimer la religion catholique à ceux qu'on appeloit les *nouveaux convertis*, changèrent sa situation. « On sut, dit Dangeau dans *son journal* (16 octobre 1685), que le roi avoit résolu d'envoyer des missionnaires dans toutes les villes nouvellement converties. Le Père Bourdaloue, qui de-

---

[1] Lettres de Madame de Sévigné, tom. 8, p. 57. — [2] Ibid. tom. 7, p. 136.

voit prêcher l'Avent à la cour, va à Montpellier, et le roi dit : — « les courtisans entendront peut-être des sermons médiocres, mais les Languedociens apprendront une bonne doctrine et une belle morale [1]. » Madame de Sévigné parle de cette mission comme le marquis de Dangeau, sauf toutefois le style qui lui étoit propre. « Je voudrois, dit-elle au comte de Bussy le 28 octobre 1685, que vous eussiez pu augmenter la bonne compagnie de Bâville, elle eût été parfaite. J'aime toujours le Père Rapin; c'est un bon et honnête homme. Il étoit soutenu du Père Bourdaloue, dont l'esprit est charmant, et d'une facilité fort aimable. Il s'en va, par ordre du roi, prêcher à Montpellier, et dans ces provinces où tant de gens se sont convertis sans savoir pourquoi. Le Père Bourdaloue le leur apprendra, et en fera de bons catholiques. Les dragons ont été de très-bons missionnaires jusqu'ici ; les prédicateurs que l'on envoie présentement rendront l'ouvrage parfait [2]. »

Il étoit difficile qu'étant aussi-bien disposée en faveur de Bourdaloue, madame de Sévigné n'accueillît avec transport les nouvelles des succès qu'il obtiendroit à Montpellier. Elle écrivoit au président de Moulceau, le 3 avril 1686 : « pour le Père Bourdaloue, ce seroit mauvais signe pour Montpellier, s'il n'y étoit pas admiré après l'avoir été à la cour et à Paris d'une manière si sincère et si vraie [3]. » Cette même année il prêcha dans la chapelle de Versailles, l'Avent qu'il devoit prêcher l'année précédente.

[1] Journal de Dangeau.—[2] Lettres de M.ᵉ Sévigné, tom. 7, pag. 348.—[3] Ibid. pag. 369. On sait par les Mémoires du temps que ces prédications n'eurent aucun résultat avantageux. Voyez Rulhière, *Eclaircissements historiques sur les causes de la révocation de l'édit de Nantes.* Benoît, *Histoire de l'édit de Nantes*, tome 5. Noailles, *Mémoires*, tom. 3. *Les Souvenirs* de Madame de Caylus, etc.

Le 26 avril 1687, Bourdaloue prononça dans l'église de la maison professe des Jésuites, rue Saint-Antoine, l'oraison funèbre du grand Condé, devant le cœur de ce prince qui y étoit déposé. Le lecteur ne lira pas sans intérêt l'opinion de madame de Sévigné qui étoit au nombre des auditeurs, et celle de Thomas dont le jugement est toujours d'un si grand poids. « Je suis charmée et transportée, dit la première, de l'oraison funèbre de M. le Prince, faite par le Père Bourdaloue. Il s'est surpassé lui-même, c'est beaucoup dire... il a parlé *du cœur du prince* avec une grâce et une éloquence qui entraîne, ou qui enlève, comme vous le voudrez. Il a fait voir que son cœur étoit solide, droit et chrétien. *Solide*, parce que dans le haut de la plus glorieuse vie qui fut jamais, il avoit été au-dessus des louanges ; et là il a repassé en abrégé toutes ses victoires, et nous a fait voir comme un prodige, qu'un héros en cet état fût entièrement au-dessus de la vanité et de l'amour de soi-même. Cela a été traité divinement.

Un cœur droit; et sur cela, il s'est jeté sans balancer tout au travers de ses égarements, et de la guerre qu'il a faite contre le roi. Cet endroit qui fait trembler, que tout le monde évite, qui fait qu'on tire les rideaux, qu'on passe des éponges, il s'y est jeté lui à corps perdu, et a fait voir par cinq ou six réflexions, dont l'une étoit le refus de la souveraineté de Cambray, et de l'offre qu'il avoit faite de renoncer à tous ses intérêts, plutôt que d'empêcher la paix, et quelques autres encore, que son cœur dans ces déréglements étoit droit; et qu'il étoit emporté par le malheur de sa destinée, et par des raisons qui l'avoient comme entraîné à une guerre et à une séparation qu'il détestoit intérieurement, et qu'il avoit réparées de tout son pouvoir après son retour, soit par ses services, comme à Tollus, Senef, etc., soit par les tendresses infinies, et par les désirs continuels de plaire au roi, et de réparer le passé. On ne sauroit vous dire avec combien d'esprit tout cet endroit a été conduit, et quel éclat il a donné à son héros, par cette peine intérieure qu'il nous a si bien peinte, et si vraisemblablement.

Un cœur chrétien. Parce que M. le prince a dit dans ses derniers temps que, malgré l'horreur de sa vie à l'égard de Dieu, il n'avoit jamais senti la foi éteinte dans son cœur; qu'il en avoit toujours conservé les principes; et cela supposé, parce que le prince disoit vrai, il rapporte à Dieu ses vertus même morales, et ses perfections héroïques qu'il avoit consommées par la sainteté de sa mort. Il a parlé de son retour à Dieu depuis deux ans, qu'il a fait voir noble, grand et sincère; et il nous a peint sa mort avec des couleurs ineffaçables dans mon esprit et dans celui de l'auditoire, qui paroissoit pendu et suspendu à tout ce qu'il disoit, d'une telle sorte qu'on ne respiroit pas. De vous dire de quels traits tout cela étoit orné, il est impossible, et je gâte même cette pièce par la grossièreté dont je la *croque*. C'est comme si un barbouilleur vouloit toucher à un tableau de Raphaël [1]. » Voilà, sans contredit, une admirable analyse de l'oraison funèbre du prince de Condé, et un éloge magnifique de l'orateur. Aussi le comte de Bussy répondoit à sa cousine, le 18 mai suivant: « vous me donnez une grande idée de l'oraison funèbre de M. le prince par le Père Bourdaloue, en me disant que ce que vous m'en envoyez n'est que *croqué*. Bon Dieu! quel est donc l'original, car la copie nous paroît très-belle [2]. »

[1] Lettre de Madame de Sévigné, t. 7, p. 440. — [2] Ibid. p. 445.

Il faut convenir que Thomas ne se tient pas, comme madame de Sévigné, dans un état perpétuel d'admiration à l'égard de Bourdaloue; qu'il le traite même avec sévérité quoiqu'avec justice. « On peut, dit-il, reprocher à Bourdaloue de n'avoir pas assez imité la manière de Bossuet. Bourdaloue prouve méthodiquement la grandeur de son héros, tandis que l'âme enflammée de Bossuet la fait sentir; l'un se traîne, et l'autre s'élance. Toutes les expressions de l'un sont des tableaux; l'autre, sans coloris, donne trop peu d'éclat à ses idées. Son génie austère et dépourvu de sensibilité comme d'imagination, étoit trop accoutumé à la marche didactique et forte du raisonnement, pour en changer; et il ne pouvoit répandre sur une oraison funèbre cette demi-teinte de poésie qui, ménagée avec goût, et soutenue par d'autres beautés, donne plus de saillie à l'éloquence [1]. »

Quand madame de Maintenon, embarrassée de la contrainte que son élévation donnoit à l'abbé Gobelin malgré elle et malgré lui, et pressée d'ailleurs par d'autres raisons, eut quitté la direction de ce vertueux ecclésiastique, elle s'adressa pendant quelque temps au Père Bourdaloue. Mais ce saint et savant prédicateur lui déclara qu'il ne pourroit la voir que tous les six mois, à cause de ses sermons. Elle comprit que, tout habile, tout vertueux, tout expérimenté, tout zélé qu'il étoit, elle ne pourroit pas en tirer le secours presque continuel dont elle avoit besoin. En se privant du Père Bourdaloue, elle redoubla d'estime pour lui; *car*, ajouta-t-elle, *la direction de ma conscience n'étoit point à dédaigner* [2]. Ce fut pour suppléer à ce qu'il ne pourroit

---

[1] Essai sur les éloges chap. XXXI. — [2] Lettres de Madame de Maintenon, t. 3, pag. 388, édit. de M. Auger, in-8°.

faire par sa présence, que le Père Bourdaloue donna le 30 octobre 1688 à madame de Maintenon une *instruction générale* pour diriger sa conduite. Voyez *pièces justificatives*, n.º 1.

Cependant à l'époque où madame de Maintenon fonda la maison de Saint-Cyr et lui imprima l'ordre et la régularité qui devoient garantir ce magnifique établissement de toutes les variations, dont les institutions nouvelles sont encore plus souvent menacées, que celles que le temps et l'expérience ont affermies, elle réclama les conseils et les instructions de tout ce que l'Église de Paris offroit alors de plus vertueux et de plus éclairé. Parmi ces hommes aussi célèbres par leurs connoissances que par leur piété, on compte le Père Bourdaloue, qui étoit généralement consulté dans toutes les affaires épineuses de la religion [1].

Le célèbre orateur prêcha encore à la cour les Avents de 1689 et de 1693. Ce fut là le terme de sa carrière évangélique devant le roi. Il est inouï qu'aucun autre prédicateur ait joui si souvent du même honneur, et peut-être plus inouï encore qu'aucun autre ait constamment répété les mêmes sermons, sans se rendre ennuyeux à ses auditeurs. Durant les intervalles, il alloit dans les provinces, prêcher les dominicales ou des fêtes particulières à la grande satisfaction des fidèles, qui se portoient en foule pour se nourrir du pain de la parole. On raconte qu'étant une fois invité à prêcher la fête patronale dans une paroisse dont les habitants paroissoient fort rustres et fort ignorants, Bourdaloue s'attacha à se mettre à leur portée, et à leur parler le langage le plus simple et le plus intelligible; mais quel fut son étonnement de les entendre se dire à la sortie

[1] Histoire de Fénélon, par le Card. de Bausset, liv. 2.

de l'église : *c'est donc là ce fameux prédicateur de Paris ? nous avons compris tout ce qu'il a dit...* Apparemment, il leur falloit du romantique, de l'inintelligible.

Le Père Bourdaloue avoit eu l'avantage d'être connu de mademoiselle de Montpensier, fille de Gaston duc d'Orléans, dès le temps qu'il prêchoit dans la ville d'Eu. Cette princesse assista à ses sermons, goûta son éloquence, et l'honora non-seulement de sa bienveillance, mais encore de sa confiance; elle le fit appeler pour la soutenir dans les derniers moments de sa vie et la préparer à la mort qui arriva le 5 mars 1693. C'étoit un des grands talents [1] du Père Bourdaloue de savoir adoucir ce terrible passage par l'expectative d'un meilleur sort dans l'éternité, et de tempérer par la considération de la miséricorde tout ce que présentent d'effrayant les jugements de Dieu.

[1] Il y eut cependant des occasions où l'éloquence de Bourdaloue échoua, en voici un exemple cité par Bayle. « On dit que le Père Bourdaloue ayant employé cinq ou six jours à résoudre à la mort le chevalier de Rohan, comme il fut question de monter sur l'échafaud (le 27 novembre 1674), il trouva son pénitent dans le plus mauvais état du monde, et ne voulant rien moins faire que mourir. Le Père fait suer toute sa rhétorique, se munit des lieux communs de réserve et n'avance rien. Il s'en va prier quelques capitaines aux gardes qui étoient aux portes de la Bastille et aux rues voisines, de venir à son secours, que sa théologie étoit à bout et qu'il ne savoit plus de quel bois faire flèche. Là-dessus, un capitaine aux gardes, nommé Maglotti, s'avança et exhorta le chevalier à mourir, d'une façon fort cavalière, car il renioit souvent. *Par la tête D... Monsieur le chevalier, vous êtes bon de craindre la mort ! un homme de votre profession doit-il avoir peur de rien ! Et mort D... figurez-vous que vous êtes à la tête d'une tranchée, au milieu de cent boulets de canon qui vous frisent la perruque, songez que vous êtes à l'assaut.* Cela fut mieux goûté que toute la morale du Jésuite, et le criminel envisagea la mort sans effroi, après une exhortation si chrétienne. Œuvres de Bayle, tome 4, pag. 551, édition de la Haye, 1731, in-folio.

« Quelle application, s'écrie madame de Pringy. Quelle affection ce zélé confesseur ne montroit-il pas pour ceux qui se mettoient sous sa conduite? Il ne ménageoit ni ses lumières, ni son temps ; il se donnoit très-parfaitement à ceux à qui Dieu avoit ôté toutes choses. Il étoit si zélé pour les vrais chrétiens, qu'il leur accordoit sa protection, aussi-bien que son instruction. La probité, la droiture, la candeur régnoient parfaitement dans son âme. C'étoient les seuls amis qu'il falloit employer pour s'attirer son estime ou son suffrage. L'on trouvoit aisément avec ces rares qualités un accès dans son esprit et dans son cœur, sans que la fortune en ouvrît la porte : il étoit surtout le consolateur des âmes inquiètes, que la mort vient surprendre. Il avoit tant de foi, qu'il portoit l'espérance à ces âmes troublées, quand un mal subit qui ne donne le temps qu'à la contrition et non pas à la pénitence, venoit les ébranler. C'étoit dans ces occasions qu'on le voyoit redoubler son zèle. Dans les termes exacts de la plus sévère morale, il présentoit la vérité à un mourant qui, malgré l'effroi naturel dont il étoit saisi à cette vue, trouvoit dans l'infinie miséricorde de Dieu, et dans la charité du rédempteur présentée par celle du disciple, un remède à son désespoir. Jamais homme n'a eu tant de force pour persuader, tant d'onction pour consoler, tant de feu pour animer [1]. »

On voit dans une lettre de Bossuet, adressée à madame d'Albert de Luynes, religieuse de Jouarre, en date du 4 août 1694, que Bourdaloue avoit prêché à Meaux quelques jours auparavant, et qu'il y avoit été fort goûté. « Il nous a fait un sermon qui a ravi tout

[1] La vie du Père Bourdaloue, par Madame de Pringy, pag. 15.

notre peuple et tout le diocèse [1]. » C'est en peu de mots, le plus bel éloge que l'on pût faire du prédicateur.

Dans le mois de juillet le Père Bourdaloue avoit eu à éclaircir des points très-obscurs de la spiritualité. Dès l'origine de l'établissement de Saint-Cyr, le quiétisme s'y étoit introduit à la suite de Fénélon et de madame de la Maisonfort. La fondatrice alarmée des progrès de la nouvelle oraison, consulta Godet-des-Marais, Bossuet et Noailles, qui se déclarèrent hautement contre les Maximes de madame Guyon; madame de Maintenon ne s'en tint pas là; elle s'adressa à des religieux qu'elle jugeoit entièrement étrangers à toutes les passions et à tous les intérêts de la cour; elle interrogea secrètement le Père Bourdaloue, qui ne pouvoit être suspect à Fénélon, à cause de son rare mérite et parce qu'il étoit membre d'une société qui faisoit profession de dévouement à l'archevêque de Cambray.

En lisant la lettre de Bourdaloue à madame de Maintenon, dit le cardinal de Bausset, il n'est personne qui ne soit frappé de la simplicité, de l'onction et de la clarté, qu'il a su répandre sur la question soumise à son examen; il sépare avec la plus exacte précision le point où doit s'arrêter l'âme la plus exaltée, lors même qu'elle tend avec effort à s'élever à la plus haute perfection, de celui où commencent des illusions dangereuses pour la morale. On reconnoît bien dans son langage cet homme vraiment apostolique, dont la vie étoit encore plus éloquente que ses sermons mêmes. On voit dans cette lettre combien l'expérience lui avoit donné de lumières pour la direction des âmes, en lui

---

[1] Œuvres de Bossuet, tom. XXXIX, pag. 280, édition de Versailles.

révélant les dangers dont ce ministère peut n'être pas exempt avec les intentions même les plus pures [1]. » On la trouvera ci-après, p. XXXIX. Madame de Maintenon, *éclairée par ce qu'il y avoit de meilleur*, n'hésita point à retirer de Saint-Cyr les livres et les manuscrits qui contenoient l'illusion du quiétisme [2].

Peut-être faut-il rapporter à ce temps-là la première démarche que fit le Père Bourdaloue auprès de ses supérieurs pour obtenir la permission de se retirer à la Flèche et d'y vaquer à la prière et à l'observation la plus stricte de la règle de saint Ignace ; cette tentative n'ayant pas réussi, il en fit une nouvelle trois ans avant sa mort, auprès du général de la compagnie, qui auroit eu un plein succès, si les chefs des maisons de Paris ne s'y étoient opposés de la manière la plus formelle, et n'avoient retenu dans le ministère cet homme qui leur faisoit tant d'honneur.

Cette circonstance me fournit l'occasion de relever une erreur assez accréditée parmi certaines personnes, qui s'imaginent que le Père Bourdaloue ne professoit pas toutes les opinions de la société et qu'il en étoit mal vu : cela est faux, et je le prouve par deux anecdotes que je trouve dans les ouvrages d'Arnauld. La première est tirée du premier mémoire présenté au roi par la duchesse de Longueville [3]. « Le Père Bourdaloue, y est-il dit, célèbre par ses prédications, et plus célèbre encore, s'il se peut, par son zèle amer et par ses emportements, dit, il n'y a pas long-temps, que les jansénistes étoient des hérétiques très-dangereux, et qu'ils ne haïssoient les Jésuites que comme les loups haïssent les chiens du berger. On ne peut s'empêcher de faire remar-

---

[1] Histoire de Fénélon, liv. 2. — [2] Lettres de madame de Maintenon, tom. 3, entretien IX. — [3] Un jour la duchesse de Longue-

quer en passant la charité de ce bon religieux, qui lui fait prendre pour des bêtes farouches, tous ceux qu'il n'honore pas de sa bienveillance, et cette humilité profonde, avec laquelle il déclare dans cette comparaison, que lui et ses compagnons sont les chiens fidèles, à qui Jésus-Christ a confié dans ces derniers temps la garde et le salut de son troupeau [1]. »

La seconde se lit dans les *difficultés sur le livre des éclaircissements*. « Je sais aussi, dit le docteur, que le Père Bourdaloue fit un sermon.... où assistoit feue madame la princesse de Conty. Il parla dans le premier point contre les relâchements de la pénitence, d'une manière très-forte ; mais il représenta dans le second, qu'il falloit fuir les directeurs qui conduisoient les âmes dans des sévérités excessives. Cette princesse.... témoigna par quelque geste en être blessée ; ce qu'ayant remarqué, et n'étant pas bien aise d'être mal dans son esprit, il la vint voir pour justifier ce qu'il avoit dit : mais elle lui parla d'une manière admirable, ainsi que je l'ai appris d'une personne qui y étoit présente, ou à qui elle le raconta aussitôt après, elle lui avoua que cette dernière partie de son sermon l'avoit fort scandalisée ; qu'elle ne pouvoit souffrir qu'on parlât dans des sermons publics, contre les directeurs sévères ; que cela donnoit occasion au peuple de fuir la conduite de tous ceux qui tâchoient de faire marcher les âmes par la voie étroite de l'Évangile, et qui ne sauroit manquer de paroître fort sévère aux gens du monde ; qu'on décrieroit par-là les plus gens de bien dans l'esprit du peuple :

ville s'étoit endormie dans la chapelle du château, en attendant Bourdaloue qui devoit y prêcher ; aussitôt que l'orateur parut dans la chaire, le grand Condé réveilla sa sœur en lui disant : « Alerte, » Madame, voici l'ennemi. »

[1] Œuvres d'Arnauld, tom. 25, pag. 347.

qu'au reste elle ne pouvoit deviner à qui on en vouloit, quand on déclamoit contre les directeurs trop sévères, qu'elle connoissoit ceux qu'elle voyoit bien qu'on vouloit marquer par-là : mais que, bien loin de croire qu'ils le fussent trop, elle appréhendoit beaucoup pour eux, qu'ils ne le fussent pas assez, et qu'elle ne pouvoit s'ôter cette crainte de l'esprit, quand elle comparoit la conduite de ceux qui passent pour les plus rigoureux, avec l'esprit et les maximes de l'Évangile [1]. »

Il est vrai que Bourdaloue alloit fréquemment à l'hôtel de Longueville, où il voyoit ceux qui passoient pour les coryphées du parti janséniste, et qu'il étoit très-lié avec Boileau, Racine, et les littérateurs les plus célèbres du siècle de Louis XIV, qui avoient des relations avec les solitaires de Port-Royal; mais il n'en étoit pas moins prononcé contre les opinions qu'on y professoit. Son dévouement à la société dont il étoit membre paroît évidemment dans tous ses discours, dans toutes ses actions; et la société à son tour n'a cessé de lui donner des marques d'estime, de vénération et d'attachement; aussi l'auteur de *l'appel à la raison*, déclare-t-il d'un ton goguenard que les Jésuites connoissent tout le mérite de Bourdaloue, et qu'ils voudroient bien que ceux qui leur reprochent d'avoir moins d'estime que le public pour cet illustre orateur, en eussent autant que la compagnie elle-même.

D'un autre côté, on a écrit assez inconsidérément que *sa conduite est la meilleure réponse qu'on puisse faire aux lettres provinciales*. Je ne veux ni accuser, ni défendre contre Pascal la compagnie de Jésus; je m'en suis expliqué ailleurs d'une manière qui ne peut déplaire à ses amis [2]. Je dirai cependant que la conduite

[1] Œuvres d'Arnauld, tome 26, pag. 176. — [2] Christianisme de Montaigne, Paris 1819, in-8.°

de Bourdaloue ne sauroit répondre à cet endroit de la cinquième lettre : « les Jésuites ont assez bonne opinion d'eux-mêmes, pour croire qu'il est utile, et comme nécessaire au bien de la religion, que leur crédit s'étende partout, et qu'ils gouvernent toutes les consciences ; et parce que les maximes évangéliques et sévères sont propres pour gouverner quelques sortes de personnes, ils s'en servent dans ces occasions où elles leur sont favorables. Mais comme ces mêmes maximes ne s'accordent pas au dessein de la plupart des gens, ils les laissent à l'égard de ceux-là, afin d'avoir de quoi satisfaire tout le monde [1]. »

Au surplus cette assertion qui n'a été démentie par personne en ce qui concerne Bourdaloue, relève infiniment la pureté de sa doctrine, et l'innocence de ses mœurs. Le seul reproche qu'on puisse lui faire avec justice, c'est la vivacité de son caractère dont il ne s'étoit guère corrigé dans sa vieillesse. Aux exemples que j'ai déjà donnés, j'ajouterai celui-ci : Brossette écrivoit à Boileau le 8 mars 1706 : « dites-moi, je vous prie, la vérité du fait suivant. On m'a dit qu'un jour vous disputiez avec le Père Bourdaloue sur quelque matière, et que vous lui disiez de si bonnes raisons, que ce Père ne sachant que répondre, il vous dit avec un peu d'emportement : *il est bien vrai que tous les poëtes sont fous !* et que vous lui répondites : *vous vous trompez, mon Père, allez aux Petites-Maisons, vous y trouverez dix prédicateurs contre un poëte.* » Boileau lui répondit le 12 du même mois : « ma réponse au Père Bourdaloue est très-juste et très-véritable ; mais voici mes termes : *je vous l'avoue, mon Père ; mais pourtant si vous voulez venir avec moi aux Petites-Maisons, je m'offre de*

---

[1] Les Provinciales, pag. 59, édit. Elzévir.

vous y fournir dix prédicateurs contre un poëte, et vous ne verrez à toutes les loges que des mains qui sortent des fenêtres, et qui divisent leurs discours en trois points [1].

Lorsque Massillon débuta à Notre-Dame de Paris, le Père Bourdaloue alla l'entendre ; il en fut si satisfait, que le voyant descendre de chaire, et l'indiquant du doigt à plusieurs de ses confrères qui lui demandoient son avis, il leur répondit comme Jean-Baptiste à ses disciples qui l'interrogeoient sur le Messie, dont le plus grand parmi les enfants des hommes n'étoit que le précurseur : *illum oportet crescere, me autem minui.* « Heureuse application, s'écrie le docte et vénérable abbé d'Auribeau, qui exprime tout à la fois et la profonde humilité du vénérable Jésuite, et la haute réputation à laquelle l'excellence du jugement du plus grand des orateurs de son temps, prévoyoit dès-lors que parviendroit le jeune Oratorien, entrant à peine dans la carrière que Bourdaloue avoit parcourue avec tant de gloire pendant un demi-siècle, et qu'il étoit sur le point de terminer [2]. »

Puisque j'ai cité ce jugement de Bourdaloue sur un prédicateur, pourquoi n'en citerois-je pas deux autres qui servent à faire connoître le caractère et la tournure d'esprit du célèbre Jésuite? On raconte qu'il disoit de Charles Boileau, abbé de Beaulieu et membre de l'Académie françoise, *qu'il avoit deux fois plus d'esprit qu'il ne falloit pour bien prêcher.* Que vouloit-il dire par-là? Despréaux nous l'explique : *ce qu'on appelle esprit dans ce sens là*, disoit-il, *c'est précisément l'or du bon sens converti en clinquant* [3]. On raconte également qu'un

---

[1] Œuvres de Boileau, tome 4, page 552. — [2] Discours académiques et Mélanges historiques sur Massillon, Besançon, 1823, in-8.°, pag. 88. — [3] Œuvres de Boileau, tome 4, pag. 178.

religieux capucin ayant opéré beaucoup de conversions dans les provinces, par ses prédications, on en parla à Louis XIV qui voulut savoir ce qu'en pensoit Bourdaloue ; *Sire*, répondit le modeste religieux, *il est vrai qu'il écorche les oreilles ; mais il déchire les cœurs : on restitue à ses sermons, les bourses qu'on a volées aux miens.*

Bourdaloue ne pouvant obtenir sa retraite, comme il le désiroit vivement, se soumit à la volonté de ses supérieurs, et continua de prêcher dans les principales églises de Paris, dans les hôpitaux et dans les prisons ; il ne diminua rien de son zèle pour la direction des âmes qui lui étoient confiées, et pour les exercices du saint ministère ; il semble même qu'il redoublât d'ardeur à mesure qu'il approchoit de sa fin, et qu'il se pressât d'amasser pour le jour des rétributions. Il prêcha l'avant-veille de sa mort, jour de la Pentecôte, et ne se mit au lit qu'en descendant de chaire, il mourut le 13 mai 1704 et fut enterré dans le caveau de l'église Saint-Louis, où j'ai vu son cercueil avec la profonde vénération que mérite le souvenir d'un si grand homme. Madame de Pringy a écrit sa *vie*, Paris, 1705, in-4.° de 20 pages, elle est sans aucun intérêt ; la circulaire du père Martineau à tous les supérieurs des maisons de la société en offre davantage ; elle est du 23 mai et de format in-4.°, 14 pages.

Il parut en 1693, à Anvers et à Bruxelles, des copies imparfaites de ses sermons. Mais Bourdaloue s'empressa de les désavouer hautement et avec raison, dit le Père Bretonneau ; car il y est si défiguré qu'il ne devoit plus s'y reconnoître ; ce même Père Bretonneau commença dès 1707 l'excellente édition, qui ne fut terminée qu'en 1734 par les *pensées*; elle a 16 vol. in-8.°, et sort des presses de Rigaud, imprimeur du Roi ;

celles qui ne lui sont pas conformes, ne peuvent être exactes. La distribution en est si connue, qu'il est inutile de la donner ici.

Il est bien rare qu'on parle de Bourdaloue, sans établir un parallèle entre lui et Massillon, je veux m'affranchir de cet usage, parce qu'il est ridicule. Chacun d'eux avoit un genre différent, et chacun d'eux a excellé dans le sien. La manie des comparaisons éloigne souvent de la vérité, et pourquoi ne pas s'en préserver, autant qu'il est possible ?

Un autre écueil encore contre lequel on ne se tient pas assez en garde, c'est la prévention ; les admirateurs de Bourdaloue le placent sans façon au-dessus de tout ce qui a jamais existé de plus illustre dans la chaire. *Nul autre prédicateur ne lui avoit servi de modèle*, suivant le père Bretonneau, *et l'on peut dire qu'il en a lui même servi à tous ceux qui sont venus après lui. Il étoit le grand Pan, qui faisoit languir tous les autres*, suivant madame de Sévigné. Quelques détracteurs de Bourdaloue, ne lui accordent guère que de foibles parties de l'art oratoire. *Ses sermons renferment de belles pages*, dit l'un d'entre eux, *mais ces morceaux exceptés, qu'y trouve-t-on ? des dissertations scholastiques, des citations, des développements de textes, des discussions polémiques, des raisonnements à perte de vue, plus dignes d'une conférence de séminaire que d'un auditoire d'hommes du monde.* Ces deux opinions sont visiblement exagérées, suivons un juste milieu ; écoutons le cardinal Maury, si digne d'apprécier le talent de Bourdaloue.

« Ce qui me ravit, dit-il, ce qu'on ne sauroit assez préconiser dans les sermons de l'éloquent Bourdaloue, c'est qu'en exerçant le ministère apostolique, cet orateur plein de génie se fait presque toujours oublier lui-même pour ne s'occuper que de l'instruction et des intérêts de ses auditeurs. C'est que dans un genre trop souvent livré à la déclamation, il ne se permet pas une seule phrase inutile à son sujet, n'exagère jamais aucun des devoirs du christianisme, ne change point en préceptes les simples conseils évangéliques, et que sa morale constamment réglée par la sagesse éclairée de ses principes peut et doit toujours être réduite en pratique ; c'est la fécondité inépuisable de ses plans qui ne se ressemblent jamais, et l'heureux talent de disposer ses raisonnements avec cet ordre savant dont parle Quintilien, lorsqu'il compare l'habileté d'un grand écrivain qui règle la marche de son discours à la tactique d'un général qui range une armée en bataille ; c'est cette puissance de dialectique, cette marche didactique et ferme, cette force toujours croissante, cette logique exacte et serrée, disons mieux, cette éloquence continue du raisonnement, qui dévoile et combat les sophismes, les contradictions, les paradoxes, et forme de l'ordonnance de ses preuves un corps d'instruction, où tout est également plein, lié, soutenu, assorti, où chaque pensée va au but de l'orateur qui tend toujours, en grand moraliste, au vrai et au solide, plutôt qu'au brillant et au sublime ; c'est cette véhémence accablante et néanmoins pleine d'action, dans la bouche d'un accusateur qui, en plaidant contre vous, au tribunal de votre conscience, vous force à chaque instant de prononcer en secret le jugement qui vous condamne; c'est la perspicacité avec laquelle il fonde tous nos devoirs sur nos intérêts, et cet art si persuasif qu'on ne voit guères que dans ses sermons, de convertir les détails des mœurs en preuves de la vérité qu'il veut

4.

établir ; c'est cette abondance de génie qui ne laisse rien à imaginer au lecteur, par delà chacun de ses discours, quoiqu'il en ait composé au moins deux, souvent trois, et quelquefois quatre sur la même matière, et qu'on ne sache souvent, après les avoir lus, auquel de ces sermons il faut donner la préférence ; c'est cette sûreté et cette opulence de doctrine qui font de chacune de ses instructions un traité savant et oratoire de la matière dont elles sont l'objet ; c'est la simplicité d'un style nerveux et touchant, naturel et noble, lumineux et concis, où rien ne brille que par l'éclat de la pensée, où règne toujours le goût le plus sévère et le plus pur, et où l'on n'aperçoit jamais aucune expression ni emphatique ni rampante ; c'est cette pénétrante sagacité qui creuse, approfondit, féconde, épuise chaque sujet ; c'est cette compréhension vaste et profonde qu'il ne partage qu'avec saint Augustin et Bossuet, pour saisir dans l'Évangile et y embrasser d'un coup d'œil, les lois, l'ensemble, l'esprit et tous les rapports de la morale chrétienne ; c'est la série de ses tableaux, de ses preuves, de ses mouvements, la connoissance la plus étendue et la plus exacte de la religion, l'usage imposant qu'il fait de l'Écriture, l'à-propos des citations non moins frappantes que naturelles, qu'il emprunte des Pères de l'Église et dont il tire un parti plus neuf, plus concluant, plus heureux que n'a jamais fait aucun autre orateur chrétien. Enfin je ne puis lire les ouvrages de ce grand homme sans me dire à moi-même, en y désirant quelquefois, j'oserai l'avouer avec respect, plus d'élan à sa sensibilité, plus d'ardeur à son génie, plus de ce feu sacré qui embrâsoit l'âme de Bossuet, surtout plus d'éclat et de souplesse à son imagination : voilà donc, si l'on y ajoute ce beau idéal, jusqu'où le génie de la chaire peut s'élever, quand il est fécondé et soutenu par un travail immense ! Je ne connois rien de plus étonnant et de plus inimitable dans l'éloquence religieuse que les premières parties des sermons de Bourdaloue sur la *conception*, sur la *passion* [1], *Dei virtutem*, etc. et sur la *résurrection*, c'est la borne de l'art, comme c'est la borne du genre; je le crois fermement, et je le dis avec confiance sur la foi et l'autorité du dix-septième siècle, de ce grand siècle dont le jugement sera l'oracle éternel du goût [2]. »

C'est avec la même admiration et la même justice que le cardinal Maury juge les panégyriques de Bourdaloue [3]; et personne, je pense, ne sera tenté d'appeler de son jugement. Cet éloquent religieux avoit sans doute le sentiment de ses forces ; mais il étoit trop modeste, pour en tirer vanité. On lui demandoit un jour auquel de ses sermons il donnoit la préférence : *c'est celui que je sais le mieux, parce que c'est celui que je dis le mieux*. Voilà une réponse qui est d'un homme d'esprit, et qui indique en même temps que Bourdaloue attachoit un grand prix à graver ses sermons profondément dans sa mémoire, et par conséquent à les composer et à les écrire, pour mieux en assurer l'effet et le succès : cette conclusion est du cardinal de Bausset [4] ; on pourroit en tirer un autre avec le cardinal Maury, c'est que Bourdaloue avoit une mémoire ingrate qui l'obligeoit quelquefois d'avoir recours à son manuscrit, et qui lui faisoit sentir l'humiliation de tenir son auditoire dans un état pénible d'incertitude et de souffrance [5].

[1] Madame de Sévigné assure en plusieurs endroits de ses *Lettres*, que tout le monde la trouvoit *parfaitement belle, divine, inimitable.* — [2] Essai sur l'éloquence de la chaire, etc., dernière édit. tome 1, pag. 532, 536.— [3] Ibid. pag. 202.— [4] Histoire de Fénélon, liv. 14, *pièces justificatives*. — [5] Essai sur l'éloquence, etc., tome 2, pag. 262.

Les *deux Avents* et le *Carême* de Bourdaloue ont été traduits en latin, par le Père Louis de Saligny, Jésuite. Angers, 1713, 3 vol. in-12. Quelques biographes ont avancé que les sermons de Bourdaloue avoient été traduits dans la plupart des langues vivantes. J'ai fait des recherches pour m'assurer de l'existence de ces traductions, et je n'ai pu me procurer que celle qui étoit en espagnol. Ce qu'il y a de certain c'est que Bourdaloue plaît aux étrangers qui entendent la langue françoise, et même aux réformés. Je n'en donnerai que deux exemples; celui de M. Marron, qui lui consacré une Notice intéressante dans la *Galerie françoise*, tome 2.e; et celui de Hugues Blair, qui s'exprime ainsi : « On assure que tout étoit orateur dans Bourdaloue; que tout servoit son talent : le feu dont il animoit son récit, sa rapidité en prononçant, sa voix pleine, résonnante, douce, harmonieuse. »

INSTRUCTION

GÉNÉRALE

DONNÉE LE 30 OCTOBRE 1688,

Par le P. BOURDALOUE

A MADAME DE MAINTENON.

J'ai reçu la lettre que l'on m'a apportée de Fontainebleau, et puisque vous voulez qu'en y répondant, non-seulement j'entre avec vous dans le détail, mais que je décide et que j'ordonne suivant le détail même que vous me faites, je m'en vais ordonner et décider.

J'approuve tout à fait l'idée que vous avez conçue de la dévotion solide, et pourvu que vous la remplissiez dans tous ses chefs, comme elle est exprimée dans votre lettre, je ne crains pas que l'opposition que vous pourriez avoir à certains petits assujettissements, vous éloigne jamais de Dieu; car c'est alors que vous éprouverez la vérité de ce qu'a dit saint Paul; où est l'esprit du Seigneur, là est aussi la liberté. Cor...ch. 2 et 3. Mais je voudrois que vous eussiez cette idée de dévotion solide toujours présente, que vous la relussiez souvent, que vous vous y attachassiez exactement; et c'est pourquoi je vous la garderai pour vous la renvoyer, ou pour vous la rendre moi-même, afin qu'elle vous serve de règle et que vous puissiez y avoir recours dans tous les états de relâchement où il vous arriveroit de tomber. Quand je vous ai parlé des exercices de piété auxquels je voulois que vous eussiez un attachement inviolable, j'ai entendu ceux dont l'ordre d'une vie chretienne ne permet pas qu'on se dispense ; par exemple la prière du matin, celle du soir, l'examen de la journée, tant pour la prévoir que pour la repasser devant Dieu, la revue du mois, le sacrifice de la messe, la préparation à la confession et à la communion ; en un mot les mêmes choses à peu près que vous pratiquez, et dans lesquelles vous me marquez qu'il est rare qu'on vous dérange. Lorsqu'il sera donc question de ces devoirs, vous vous ferez un point de religion de vous y assujettir ; et quoique votre naturel vif et actif vous persuadât alors qu'une bonne œuvre seroit quelque chose de meilleur que de vous forcer à attendre avec un esprit distrait et un corps paresseux que l'heure de votre sable soit écoulée, vous attendrez qu'elle s'écoule, mortifiant cependant votre esprit et votre corps, tâchant à surmonter par votre ferveur l'inapplication de l'un, et la paresse de l'autre, vous humiliant devant Dieu et vous confondant de votre lâcheté à le prier ; et pour la bonne œuvre, à moins qu'elle ne fût absolument pressée et nécessaire, la remettant à un autre temps : car la maxime de saint Paul : où est l'esprit du Seigneur, là est aussi la liberté, n'exclut pas la sainte violence qu'on doit se faire à soi-même pour s'appliquer et vaquer à Dieu, sans cela il seroit impossible d'éviter que la vie d'action ne fût pleine d'imperfection et ne se tournât en dissipation, quelque bonne intention qu'on eût de se préserver de ces deux désordres.

Hors de ces exercices que j'appelle privilegiés, et qui tiennent, comme jai dit, le premier rang dans la vie chrétienne, pour tous les autres qui seroient de votre choix ou de votre dévotion, c'est la prudence accompagnée de la charité qui vous doit conduire et qui doit par conséquent, dans l'usage que vous en ferez, faire cesser vos scrupules et vos inquiétudes. Ainsi, quand il vous prendra envie de vous renfermer pour méditer ou pour lire, et qu'on viendra malgré vous ouvrir votre porte pour une affaire dont vous serez interrompue, bien loin de vous troubler, vous vous soumettrez à l'ordre de Dieu, vous vous ferez un mérite de quitter Dieu pour Dieu, et sans témoigner nul chagrin, avec un esprit libre, s'il est possible, et un visage égal, vous expédierez l'affaire dont il s'agit, édifiant par votre douceur ceux qui ont dans ces rencontres à traiter avec vous, et vous persuadant que d'en user ainsi vaut mieux pour vous que la méditation et la lecture que vous auriez continuée. De même, quand vous aurez des lettres à écrire, et qu'elles seront d'une nature à ne pouvoir être différées, vous abrégerez votre prière et vous demeurerez tranquille. Quand vous serez à Saint-Cir et qu'il vous faudra vaquer à quelque chose du règlement ou de l'intérêt de la maison, vous vous absenterez des vêpres, et n'en aurez aucune peine : c'est Dieu qui le veut dans cette circonstance, et il lui faut obéir : car le grand principe que vous devez établir, est que la volonté de Dieu doit être la regle et la mesure de tout ce que vous faites; et que jusques dans les plus petites choses, ce qui vous paroît la volonté de Dieu soit ce qui vous détermine : or par-là vous serez toujours en paix. Qu'importe que vous agissiez ou que vous priiez, pourvu que vous fassiez actuellement ce que Dieu demande de vous. J'entre fort dans votre sentiment, que d'avoir passé la journée à faire de bonnes œuvres, c'est avoir prié tout le jour, et c'est l'un des sens que les Pères de l'Église donnent à ce précepte de Jésus-Christ quand il dit, dans le chapitre 18 de saint Luc, qu'il faut toujours prier sans cesser jamais de le faire. Mais ce que vous m'ajoutez du plaisir que votre naturel bienfaisant vous fait prendre à ces bonnes œuvres, m'oblige à vous donner deux avis qui me paroissent en ceci bien essentiels : l'un, qu'afin que ces bonnes œuvres vous tiennent lieu de prière et soient en effet une espèce de prière, il ne suffit pas de les faire par l'attrait du plaisir que vous y prenez, car cela devroit plutôt vous les rendre suspectes et vous faire craindre qu'elles ne fussent purement humaines et naturelles : mais il faut que vous les rapportiez à Dieu en les faisant par des motifs dignes de Dieu, dans la vue de le glorifier, de racheter vos péchés, de réparer ces années malheureuses données au monde; car il est évident qu'agir avec ces intentions, c'est prier. L'autre, qu'il faut que vous fassiez ces bonnes œuvres avec discernement, c'est-à-dire, que vous ne consumiez pas les talents, l'esprit, le crédit que Dieu vous a donné, à faire de bonnes œuvres peu considérables pendant que vous pourriez en faire de plus importantes que vous ne faites peut-être pas, c'est-à-dire que les bonnes œuvres de votre goût et qui coûtent peu, ne vous détournent pas de celles qui seroient plus utiles, mais qui vous coûteroient aussi plus de soins et plus de peines, ce qui est peut-être la cause de la répugnance que vous y avez : car dans la place que Dieu vous a mise, il ne se contente pas que vous fassiez du bien, il veut que vous fassiez de grands biens, et comme saint Chrysostôme disoit en parlant de l'aumône qu'il falloit craindre qu'au lieu d'être récompensé pour avoir donné, on ne fût un jour puni pour avoir donné trop peu : aussi devez-vous prendre garde qu'après avoir fait quelque bien, vous ne soyez encore coupable de n'en avoir pas fait assez, ou plutôt de n'avoir pas fait celui que Dieu attendoit particulièrement de vous. Je ne vous dis point ceci pour vous inquiéter ni pour vous embarrasser, mais pour vous encourager et pour exciter votre zèle. C'est à vous à examiner devant Dieu ce que vous pouvez et de quoi vous êtes capable, et c'est à vous de profiter des occasions que la providence vous fera naître pour parler et pour agir utilement; car c'est alors que votre action sera une excellente prière : mais c'est pourtant dans la prière même et dans la communication avec Dieu que vous devez vous préparer et prendre des forces pour ce genre d'action. Quoi que la posture dans laquelle on prie ne soit pas absolument de l'essence de la prière, elle ne doit pas cependant être négligée ; car le corps aussi-bien que l'esprit doit contribuer à honorer Dieu et à lui rendre, même extérieurement, le culte que nous lui devons, la religion que nous professons n'étant pas, dit saint Augustin, la religion des anges, mais des hommes, c'est ce que toute l'Écriture nous enseigne, et ce que l'expérience même nous fait sentir. Suivant ce principe, quelque foible que vous soyez, à moins que vous ne fussiez tout-à-fait malade, vous commencerez au moins votre prière à genoux, pour la continuer ensuite, s'il est besoin, dans une posture plus commode, mais pourtant honnête et respectueuse, vous souvenant toujours que vous êtes devant Dieu et que vous lui parlez ; car pour la prière du lit, vous ne vous y réduirez que dans l'état de maladie, pendant laquelle je conviens que les aspirations fréquentes, sont la manière de prier, non-seulement la plus facile, mais la meil-

5.

leure. Je ne dis pas qu'il ne soit bon de prier dans le lit, puisque David qui étoit un homme selon le cœur de Dieu l'a ainsi conseillé et pratiqué, comme il paroît en tant d'endroits de ses psaumes ; mais je dis que de prier seulement dans le lit est une espèce de mollesse et d'irréverence, que cela n'est excusable que dans les malades et nullement dans ceux qui ne le sont pas ; quoiqu'on se flatte de prier pour lors avec plus d'attention, ce qui est un prétexte ou un artifice de l'amour-propre qui se cherche jusques dans les choses les plus saintes. Quand donc il vous arrivera de vous coucher devant les personnes que vous me marquez, ne vous dispensez point pour cela de faire à Dieu au moins une prière courte avant de vous mettre au lit ; cette régularité les édifiera et leur pourra être une fort bonne instruction. Je trouve très-bon que pour fixer votre esprit dans l'oraison, vous écriviez en la faisant, les lumières et les vues que Dieu vous y donne ; c'est un moyen très-propre, non-seulement à vous appliquer dans le moment au sujet que vous méditez, mais pour en conserver le souvenir et pour en pouvoir plus long-temps profiter, relisant après les choses dont vous aurez été touchée, il faut seulement prendre garde que l'application que vous aurez à écrire à force d'occuper votre esprit ne déssèche votre cœur et ne l'empêche de s'unir à Dieu par des affections vives et tendres dans lesquelles consiste l'essentiel de l'oraison ; car alors ce que vous appelez oraison, deviendroit étude, et ce ne seroit plus prier, mais composer. Si vous évitez cet inconvénient, l'écriture jointe à l'oraison, à l'examen de votre conscience et aux autres exercices intérieurs, vous pourra être d'un très-grand fruit, et je conçois en particulier que votre dernière lettre, prise de la sorte, en même temps que vous l'écriviez, étoit pour vous une véritable oraison. Mais je suppose toujours que le cœur en fût occupé aussi-bien que l'esprit, et même encore plus que l'esprit; car, encore une fois, dans l'oraison, l'esprit ne doit agir que pour le cœur.

Vous voulez que je vous règle le temps que vous donnerez à la prière, le voici : quand vous vous porterez bien, vous vous tiendrez à celui que vous avez jusqu'à présent observé vous-même, qui va, dites-vous, à une heure. Une heure pour vous, c'est assez, il s'agit de la bien employer, et que Dieu n'ait pas à vous faire le reproche que J. C. fit à St. Pierre : quoi? vous n'avez pu veiller une heure avec moi? Quand vous serez indisposée ou languissante, c'est l'état de vos forces qui vous règlera ; mais ce que vous ne pourrez faire alors d'une façon, vous le ferez de l'autre ; car la souffrance avec soumission et avec une résignation parfaite de votre volonté à celle de Dieu, sera une prière bien plus longue et plus continuelle, que celle que vous feriez dans votre oratoire ou au pied des autels. Quand vous ne serez pas maîtresse de votre temps, car il vous doit être indifférent que vous le soyez ou non, vous en donnerez à la prière autant que vous le pourrez, et Dieu sera content de vous, pourquoi donc en ce cas-là seriez vous dans le trouble? vous craignez que la peur d'être importunée ne vous fasse prier Dieu dans vostre chambre plutôt que d'aller aux saluts qui se disent dans les églises ; en effet, vous pouvez manquer en ceci et dans la substance de la chose et dans le motif; dans la chose, car il est à propos que vous alliez quelquefois à ces saluts ; quand ce ne seroit que pour donner l'exemple, en vous conformant à la dévotion publique ; je dis quelquefois, comprenant bien que très-souvent vous aurez des empêchements légitimes et de justes raisons de n'y pas aller. Dans le motif, car il ne vous est pas permis d'appréhender si fort l'importunité, à laquelle vous devez regarder, dans l'ordre de Dieu comme une dépendance de votre état; cette peur trop grande d'être importunée ne pouvant venir que d'un fonds d'orgueil secret ou d'amour excessif de votre repos, et qu'étant par conséquent directement opposé à l'humilité, à la charité, à la mortification chrétienne, il faut donc la modérer en vous oubliant un peu vous-même, et vous abandonnant un peu davantage à la conduite de Dieu dont les desseins sont quelquefois attachés à ce qui vous importune. En combien de rencontres y avez-vous peut-être manqué, pour vous être sur cela trop écoutée, et combien la fuite de l'importunité vous a-t-elle fait perdre d'occasions heureuses de rendre à Dieu et au prochain des services importants que vous voudriez leur avoir rendus? Il faut vous faire une vertu de souffrir qu'on vous importune, d'aimer à être importunée pour de bons sujets, et de ne craindre que l'inutilité de ce qui est pour vous importuner. Vous avez très-bien fait d'omettre depuis deux mois la pénitence que vous vous étiez prescrite; comme je suppose que vous avez pris en esprit de pénitence le mal que Dieu vous a envoyé, il vous a dû être une pénitence d'autant plus salutaire et d'autant plus sûre qu'elle n'a pas été de votre choix, mais de celui de Dieu. Cela n'empêchera pas que vous ne repreniez l'autre quand votre santé sera rétablie, mais il faut qu'elle le soit parfaitement. Car autrement je n'y consens point, aimant mieux que jusque-là vous redoubliez en vous le désir et même les pratiques de la pénitence intérieure à laquelle vous devez principalement vous attacher. Il me semble que voilà à peu près les choses sur lesquelles vous m'avez consulté, et vous ne vous plaindrez pas que je ne sois pas entré dans le détail.

AUTRE INSTRUCTION [1].

JE demeure d'accord avec vous qu'une dévotion qui ne consisteroit que dans un certain arrangement, seroit quelque chose de bien superficiel et dont vous ne devriez être nullement contente ; car quoique l'arrangement soit bon, sur-tout jusqu'à un certain point, et qu'il ne faille pas le négliger, il doit pourtant supposer un certain fonds plus solide, et ce fonds doit être en vous un amour véritable de la pénitence, un parfait détachement de vous-même, un zèle ardent de la gloire de Dieu, une charité tendre pour le prochain, une humilité sincère, un attachement inviolable à vos devoirs, même les plus pénibles, une entière soumission aux ordres de la providence, une préparation à tout souffrir, et cent autres choses que j'y pourrois ajouter : or tout cela se peut pratiquer dans les états mêmes où votre arrangement viendroit à cesser ; car il m'est évident, par exemple, que dans la maladie une partie de tout cela, pour peu qu'on soit fidèle à la grâce, se pratique non-seulement aussi-bien, mais encore mieux et avec moins de mélange d'amour-propre, que dans la santé. Servez vous donc des lumières que Dieu vous donne sur ce point ; et profitant de votre expé-

[1] Cette instruction paroît servir de réponse aux observations qui avoient été faites par madame de Maintenon.

rience propre, faites-vous un plan de dévotion qui soit indépendant de tout, c'est-à-dire, que vous puissiez maintenir et dans l'infirmité et dans la santé, et dans l'embarras des affaires, et dans le repos, et dans la bonne humeur, et dans le chagrin, or il me semble qu'un excellent moyen pour cela est de faire consister votre dévotion à accomplir la volonté de Dieu, selon l'etat présent où Dieu vous met; car Dieu selon les états différents où vous vous trouvez, demande de vous de certaines choses dont votre perfection actuelle dépend, et qui valent mieux pour vous que celles qui seroient plus de votre goût et plus conformes à vos idées; il ne s'agit donc pour lors que de vous appliquer à reconnoître cette volonté de Dieu et à l'accomplir.

LETTRE DU P. BOURDALOUE

A Mme DE MAINTENON.

Paris, ce 10 juillet 1694.

J'AI lu, Madame, et relu avec toute l'attention dont je suis capable, le petit livre [1] que vous m'avez fait l'honneur de m'envoyer; et puisque vous m'ordonnez de vous en dire ma pensée, la voici en peu de mots. Je veux croire que la personne qui l'a composé, a eu une bonne intention. Mais, autant que j'en puis juger, son zèle n'a pas été selon la science, comme il auroit pourtant dû l'être dans une matière aussi importante que celle-ci; car il m'a paru que ce livre n'avoit rien de solide, ni qui fût fondé sur les véritables principes de la religion : au contraire, j'y ai trouvé beaucoup de propositions fausses, dangereuses, sujettes à de grands abus, et qui vont à détourner les âmes de la voie d'*oraison* que Jésus-Christ nous a enseignée, et que l'Ecriture nous recommande expressément ; à les détourner, dis-je, jusqu'à leur en donner du mépris. En effet, la forme

---

[1] De Mme Guyon.

Madame de Maintenon a donné ce livre qui est écrit de sa main, à Madame de Glapiou, après en avoir brûlé d'autres et toutes les lettres qu'elle avoit du Roi, surtout un grand nombre pendant la campagne de Mons ; ce fut une perte irréparable que tout ce qu'elle mit au feu ce jour-là, l'année 1713 ; mais elle ne voulut pas le laisser après elle.

d'*oraison* que Jésus-Christ nous a prescrite, est de faire à Dieu plusieurs demandes particulières pour obtenir de lui, soit comme pécheurs, soit comme justes, les différentes grâces du salut dont nous avons besoin. L'*oraison* que l'Ecriture nous recommande en mille endroits, est de méditer sur la loi de Dieu, de nous exciter à la ferveur de son divin service, de nous imprimer une crainte respectueuse de ses jugements, de nous occuper du souvenir de ses miséricordes, de l'adorer, de l'invoquer, de le remercier, de repasser devant lui les années de notre vie dans l'amertume de notre âme, d'examiner en sa présence nos obligations et nos devoirs. Ainsi prioit David, l'homme selon le cœur de Dieu, et ainsi l'ont pratiqué les saints de tous les siècles. Or, la méthode d'*oraison* commune dans le livre dont il s'agit, est de retrancher tout cela, non-seulement comme inutile, mais comme imparfait, comme opposé à l'unité et à la simplicité de Dieu, comme une propriété de la créature, et même comme quelque chose de nuisible à l'âme, eu égard à l'état où l'on suppose qu'elle se met, quand il lui plaît de se réduire à ce simple acte de foi, par lequel elle envisage Dieu en elle-même sous la plus abstraite de toutes les idées, se bornant là, et sans autre effort ni préparation, attendant que Dieu fasse tout le reste. Méthode, encore un coup, pleine d'illusion, qui roule sur ce principe mal entendu dont le quiétiste abuse, savoir, que la perfection de l'âme dans l'*oraison*, est qu'elle se dépouille de ses propres opérations surnaturelles, saintes, méritoires, et procédantes de l'esprit de Dieu, telles que sont celles dont je viens de faire le dénombrement : car, quelle perfection peut-il y avoir à se dépouiller des plus excellents actes des vertus chrétiennes, dans lesquels, selon Jésus-Christ, et selon tous les livres sacrés, consiste le mérite et la sainteté de l'*oraison* même? Cependant, c'est à ce prétendu dépouillement, j'ose dire, à cette chimérique perfection, qu'aboutit toute cette doctrine du *moyen court*. Je sais bien que Dieu, dans l'état, et dans le moment de l'actuelle *contemplation*, peut se communiquer à l'âme d'une manière très-forte, qui fasse cesser en elle soudainement tous les actes particuliers, quoique bons et saints, parce qu'il tient alors les puissances de l'âme comme liées, et fixées à un seul objet; en sorte que l'âme n'est pas libre, et qu'elle souffre l'impression de Dieu plutôt qu'elle n'agit. Je sais, dis-je, que cela arrive; car à Dieu ne plaise que je veuille ici combattre la grâce, et le don de la *contemplation infuse!* Mais que l'âme, de son chef, prévenant cet état et ce moment de *contemplation*, affecte elle-même de suspendre dans l'*oraison* les plus saintes opérations, pour s'en tenir au seul acte de foi, et que par son choix, elle se détermine à sortir de la voie sûre que Jésus-Christ lui a marquée, pour s'engager dans une nouvelle route, qui, par la raison même qu'elle est nouvelle, doit au moins lui être suspecte, c'est ce que je ne conviendrai jamais être pour elle une perfection. On dit que l'âme n'en use ainsi, et ne se défait de ses opérations que pour s'abandonner pleinement à Dieu, et laisser agir Dieu en elle; et moi je soutiens qu'elle ne peut mieux se disposer à laisser Dieu agir en elle, qu'en faisant elle-mêmes fidèlement ce que Jésus-Christ lui a appris dans l'*oraison dominicale*, ou ce que David a pratiqué dans ses entretiens avec Dieu; et j'ajoute que, si jamais l'âme avoit droit d'espérer que Dieu l'élevât à la *contemplation*, ce seroit dans le moment où avec humilité, avec fidélité,

6.

il la trouveroit solidement occupée du saint exercice de la *méditation*. Quoi qu'il en soit, se faire selon le *moyen court*, une méthode et une pratique de retrancher de l'*oraison* ce que Jésus-Christ y a mis, et ce que les saints ont conçu de meilleur et de plus agréable à Dieu : les demandes, les remercîments, les offres de soi-même, les désirs, les résolutions, les actes de résignation et de componction, pour s'arrêter à une foi nue, qui n'a pour objet ni aucune vérité de l'Evangile, ni aucun mystère de Jésus-Christ, ni aucun attribut de Dieu, ni nulle chose quelconque, si ce n'est précisément Dieu ; proposer indifféremment cette méthode d'*oraison* à toutes sortes de personnes, sans exception ; préférer cette méthode d'*oraison* à celle que Jésus-Christ a enseignée à ses apôtres, et par eux à toute son Eglise ; prétendre que cette méthode d'*oraison* est plus nécessaire au salut, plus propre à sanctifier les âmes, à acquérir les vertus, à corriger les vices, plus proportionnée aux esprits grossiers et ignorants, plus facile pour eux à pratiquer que l'*oraison* commune de *méditation* et d'*affection* ; quitter pour cette méthode d'*oraison* la lecture, les prières vocales, le soin d'examiner sa conscience, substituer même cette méthode d'*oraison* aux dispositions les plus essentielles du sacrement de pénitence, jusqu'à vouloir qu'elle puisse tenir lieu de contrition, sans qu'on ait actuellement aucune vue de ses péchés : toutes ces choses, dis-je, me paroissent autant de choses dangereuses dont le *moyen court* est rempli. Il me faudroit un volume entier, pour vous le faire remarquer suivant l'ordre des chapitres : j'en ai fait l'extrait, que je pourrai quelque jour vous porter à Saint-Cyr, aussi bien que le sermon que je fis à Saint-Eustache sur cette matière. Cependant, comme j'ai découvert que ce *moyen court* n'étoit qu'une répétition d'un autre ouvrage, intitulé : *Pratique facile pour élever l'âme à la contemplation*, qui parut, il y a environ vingt ans, et dont l'auteur étoit un prêtre de Marseille, nommé *Malaval*, je vous envoie la traduction françoise de la réfutation qui s'en fit alors par un célèbre prédicateur, nommé le Père *Segneri*, qui vit encore, et qui a le premier combattu la secte de Molinos.

Mais je ne puis, en finissant, m'empêcher de remercier Dieu de ce qu'il vous a préservée d'avoir du goût pour ces sortes de livres, et de ce que, par une providence particulière, vous ne leur avez donné nulle approbation. Car, dans le mouvement où sont les esprits, quels progrès cette méthode d'*oraison* ne feroit-elle pas parmi les dévots, surtout à la cour, si elle y étoit appuyée de votre crédit? Dieu m'est témoin que je n'abonde point en mon sens, et que j'ai même la consolation que ce que je connois dans le monde de gens habiles, distingués par leur savoir et par leur piété, en jugent comme moi.

Ce qui seroit à souhaiter, dans le siècle où nous sommes, ce seroit qu'on parlât peu de ces matières, et que les âmes mêmes qui pourroient être véritablement dans l'*oraison de contemplation*, ne s'en expliquassent jamais entre elles, et encore même rarement avec leurs Pères spirituels.

C'est ce que j'ai observé à l'égard de certaines personnes qui se sont adressées à moi pour leur conduite, et à qui j'ai donné pour première règle de n'avoir, sur le chapitre de leur *oraison*, nulle communication avec d'autres dévotes, sous quelque prétexte que ce soit, pour éviter les abus que l'expérience m'a appris s'ensuivre de ces confidences.

Voilà, Madame, toutes mes pensées que je vous confie, et qui ne seront peut-être pas bien éloignées des vôtres : comme j'achevois ces remarques, j'ai reçu, Madame, le petit billet que vous m'avez fait l'honneur de m'écrire, et je vous demande bien pardon de ne vous avoir pas renvoyé plus tôt le livre qu'on m'avoit apporté de votre part, il est vrai qu'ayant eu depuis ce temps-là trois sermons à faire, à peine ai-je pu trouver le temps de le lire attentivement et à loisir. Mais je ne prétends pas, Madame, me justifier par-là auprès de vous; et j'aime bien mieux vous remercier de la manière obligeante avec laquelle vous voulez bien vous intéresser à ma santé.

FIN.

www.ingramcontent.com/pod-product-compliance
Lightning Source LLC
Chambersburg PA
CBHW060939050426
42453CB00009B/1089